민중주의
의
몰락

사회비평 시리즈 2

민중주의
의
몰락

개념, 역사, 그리고
한국 사회

김유진 지음

생각나눔

한국의 386과 민중

386세대에게 '민중'은 무엇일까?

386세대가 학창 시절일 당시 중산층의 기준들 중 하나는 마루의 서재 혹은 공부방 책장에 세계 명작 전집이 꽂혀 있는 것이었다.

그리고 386의 부모들은 세계 명작 전집을 아마도 방문 판매 사원에게서 구매하길 원했다. 장식용일 수도 있었지만, 그걸 읽고 큰 386들도 있었다.

그중에는 빅토르 위고, 톨스토이, 도스토에프스키의 저작들이 있었고, 386들은 이 작품들 속에서 서양인들의 관념을 내화했는데, 그중엔 '민중'도 있었다.

당시 명작 속의 민중들은 민족애를 가지고 있거나, 계급적 자각을 했거나, 혹은 기독교 박애주의에 입각한 만인 평등의 사상을 갖고 있었다.

이렇게 세계 명작 전집을 통해 '민중'을 접한 중산층 배경의 386들은 학력고사를 통해 대학에 들어갔고, 군사 정권에 의해 고통 받는 민중들의 삶을 직간접적으로 경험하면서, 자신들이 중·고등학교 시절 형성했던 서구식 민중의 이미지에 낙담하였을 것이다. 그것은 서구의 것이었기 때문이다.

그리곤 이들은 조선 시대 민초들의 삶을 기록한 민담, 구전 설화, 전설 등을 보게 되었고, 판소리, 마당극, 판화 등을 접하게 된다. 그리고 이들은 북한의 『꽃 파는 처녀』 등을 통해 진정한 민중의 상(像)을 발견했다며 기뻐했을 수 있다.

어떤 386들은 막심 고리끼의 『어머니』, 오스뜨로

프스키의 『강철은 어떻게 단련되는가』를 통해 소련식 민중에 대한 상(像)을 고정시켰을 테고, 어떤 이는 베르톨트 브레히트, 어떤 이는 파블로 네루다, 어떤 이는 우디 앨런, 어떤 이는 켄 로치를 통해 나름의 민중의 상(像)을 고정시켰을 것이다.

이후 이들은 농활, 야학 교사 운동, 나아가 이후 공장에 위장 취업을 통해 실재하는 대한민국의 민중에게 다가가려 했고, 또 민중이 되려 했다.

그리고 그들은 인텔리 티를 안 내기 위해 안경을 벗고 일하다 프레스에 손가락이 잘리고, 흰 손이 부끄럽기도 하고, 또 정체가 탄로 날까 봐 독한 약품 속에 손을 담가 손을 트고 거칠게 만들기도 했다. 이들은 서로 계급이 다른 연인끼리 진정한 혁명적 사랑을 꿈꾸기도 했다.

하지만 결말이 다 좋진 않았다. 그리고 민중이 되려 했던 대부분의 지원자들은 자신의 원래의 계급인 중산층 '도련님' 혹은 '아기씨'로 돌아왔다.

그리고 이들 중 또 적지 않은 부류가 '강남 좌파'가 되었다. 그들의 자식 사랑은 남과 비교해 뒤처지지 않아서 그들의 자녀들은 국내 명문대 혹은 의전원, 로스쿨에 다니거나 외국에서 호화스러운 유학 생활을 하고 있다.

이것은 대단한 아이러니다.

사실 그들은 대학 시절 '강남'에 대해선 대단한 적개심을 보였다. 강남 출신 학우들이 대형 교회에 다니고, 유학, 자동차, 귀걸이, 미니스커트, 맥주, 심지어 위스키와 와인을 소비하는 것을 매우 안 좋게 보았다. 이들을 포섭할 수 있다고 판단되면 이들에 대해 호의적이었으나, 아니라고 판단될 경우 경우에 따라선 조리돌림을 했다.

그러나 이제 강남은 '좌파'들의 것이 되었다.

그럼 이들의 자녀들은 어떨까?

이들의 자녀들은 전교조 교사들로부터 국민이나 시민보다는 '민족', '민중'이란 말을 교육받았을 수도 있다.

그러나 이들은 민족, 민중보다 시민을 좋아할 수도 있고 스스로를 멀티튜드, 혹은 마이너리티라고 간주할 수도 있다. 혹은 노마드나 보헤미안을 꿈꿀 수도 있다.

그리고 이들은 논밭, 혹은, 공장에서 일을 하고 싶어 할 수도 있고, 편의점에서 일하는 것을 더 좋아할 수도 있으며, 혹은 그저 인터넷 히키코모리 혹은 잉여 인간으로 평생 지내는 것을 원할 수도 있다. 혹은 불법 스포츠 토토, 피라미드 다단계의 상층부 조직원을 꿈꿀 수도 있다.

이들은 정통 한민족일 수도 있고, 동남아인이나 서남아인과 사이에서 태어났을 수도 있다. 혹은 금

발의 한국인 혹은 검은 머리의 미국인일 수도 있다.

이들은 좌파일 수도 있으나 우파일 수도 있으니, 이들은 트럼프와 동시에 툰베리를 좋아할 수도 있으며, 조국과 동시에 윤석렬을 지지할 수도 있다.

이 책은 은퇴를 앞둔 시점에서 극심한 혼돈을 겪고 있는 386, 그리고 그들의 그늘에 가려 자신의 정체성을 형성하지 못하는 그들의 자녀 세대를 위해 쓰여졌다.

Contents

제3부_ 포퓰리즘, 민중주의의 몰락

제1부

민중주의의
개념, 어원, 역사

01 우리나라에서의 민중 개념

　　민중이란 말은 인민이란 말의 대체어로
사용되는 용례가 많았다. 그리고 그 이유는 내전과
전쟁으로 인한 반공 정서 때문이었다.
　그렇기 때문에 민중이란 말 이전에 인민이란 말이
사용된 맥락을 알아야 한다.

　우선 우리나라, 중국, 일본 등 동아시아 한자 문
화권에서 인민이란 말은 매우 친숙한 개념이었는데,

『맹자(孟子)』에서부터 인민이란 말은 언급되었고, 우리나라에도 흔히 쓰였다. 아마도 유교의 영향 아래 많이 쓰인 것으로 보이는데, 예를 들면, 위화도 회군 시 이성계와 최영의 대화에도 인민이란 말이 사용되고 있고, 조선 시대에는 더 많이 쓰인다. 『조선 왕조 실록』에서도 많이 쓰인다.

인민이란 말은 유교 사상에 의거해 많이 쓰였지만, 이후 농민 반란 등 조선 왕조에 저항하는 이데올로기에서도 많이 쓰인다.

그러나 그것이 칼로 자르듯 나누어지는 게 아니다. 이것은 조선 왕조에 대한 반체제 세력들이 만들어낸 민중 사상 중엔 대동(大同)이란 개념이 있지만, 사실 이것은 유교 사상의 중심 개념이기 때문이다.

결국, 민중 사상의 이러한 모호성 혹은 중첩성은 이후 의병, 동학 혁명, 독립 운동은 물론 이후 공산주의 운동까지, 이른바 기층 민중과 유생, 혹은 근대적 인텔리 간의 계급적 갈등을 안게 된다.

반면, 우리나라에 서양식 민중, 인민 개념이 들어온 건 개항 이후다. 그것은 특히 근대 정치사상 즉 자유주의, 계몽주의, 시민 정치사상을 통해 유입되었다.

그리고 나로드니즘(러시아 민중주의)와 마르크스주의가 들어오면서 최근의 개념의 토대를 이루게 된다.

그러면서 민중은 좌파의 전유물이 되었다.

반면, 우파는 민중이란 말을 쓰지 않았다. 서구의 경우, 인민, 민중이란 말은 좌파는 물론이고, 우파 즉 민족주의, 국민주의, 국가주의, 시민주의, 자유주의 골고루 애용하는 개념이었으며, 심지어, 극우 파시즘, 인종주의, 그리고, 종교 근본 원리주의에서도 애용했다. 그러나 우리나라에서는 좌파만이 민중이란 말을 사용했다.

반면, 우리나라 우파들은 민중 대신 다른 개념을

사용했는데, 우선, 박정희식 국가주의 혹은 일본식 잔재에 향수를 느끼는 경우는 국민이란 말을 애용했다.

반면 시장, 시민 사회, 공화주의자들은 시민이란 말을 애용했다.

그리고 오늘날 신좌파의 영향을 받은 일부 학계에서는 멀티튜드 혹은 마이너리티란 말을 애용한다. 혹은 노마드, 보헤미안이란 말을 애용하기도 한다.

02 민중 개념의 기원

　　　　　오늘날 우리나라에서 사용되는 민중 개념은 대체로 서양의 것이다.

　그럼 서양에서 민중이란 말은 언제부터, 누구에게, 또, 어떤 의미로 사용되었는가?

　민중은 영어로는 people이며, 불어로는 peuple이다. 그리고, 라틴어로는 populus다.

　더 거슬러 올라가면 고대 헬라어 즉 고대 그리스

어와 만나는데 그리스어로는 demos다.

그리고 데모스든 포퓰루스든 이들 존재는 그리스와 로마의 민주 정치의 근원이며, 따라서, 오늘날 지구상 거의 모든 국가들의 정치, 경제, 문화의 근원이다.

03 민중과 시민

　　　　　　우리는 여기서 민중과 시민이란 말의
동질성과 이질성을 잘 살펴야 한다.

　시민은 라틴어로는 civis로 쓰였으며 키비스, 치비
스, 씨비스로 불리었고, 그리스어로는 polites로 불
리었다. 폴리스, 코스모폴리탄, 플라톤의 저서『폴리
테이아』의 어원이 된다.

　그리고, 민중과 시민이 지칭하는 존재들은 처음엔
거의 같았다.

초기의 시민과 민중은 모두 아리스토스로 불리던 귀족들에 대항하며 민주 정치를 지향하는 당시 폴리스의 구성원들 정확히는 자영농, 도시 수공업자, 도공, 조각가, 예술가, 상인, 정치인 등에서 시작되었다.

그리고 그것은 당시 고대 그리스의 주요 전투 전술이던 중·장보병 전술, 팔랑크스 전법과 관련이 있다.

과거 전쟁에선 귀족들이 말과 전차를 소유한 채 전쟁에 참여하여 전쟁을 이끌었던 반면, 시민 혹은 민중들은 갑옷, 투구, 창, 정강이 보호대, 방패 등을 소유한 채 전쟁에 참여했다. 재산이 없었기 때문이다.

그러나 전쟁의 전술이 전차 중심이 아니라 중·장보병 중심으로 변하면서, 이들의 역할과 목소리가 커졌고, 더 나아가 전리품의 배분을 두고 이들의 목소리가 조직화되었다. 그리고 전쟁 상황에서 커진

이들의 목소리는 일상 정치에서도 반영되는데, 그래서 탄생한 것이 바로 고대그리스의 폴리스 민주주의인 것이다.

그러나 시민과 민중 간에는 차이가 있었다.

시민이라 불리던 폴리스의 중산층 구성원들은 무기를 구비할 여유가 있었으나, 그 밑의 구성원들은 그럴 여유가 없었다. 다시 말해 재산이 없이 몸만 참전할 수 있었던 것이다. 따라서 이들은 갤리선 노잡이를 하곤 했는데, 이들도 시민권을 얻었다.

바야흐로 민중의 시대, 시민의 시대였던 것이다.

하지만 재산상의 차이는 시민과 민중 간에 균열을 내포하고 있었다.

나중에 노잡이들은 외국인들이 담당하게 되고, 또, 폴리스 내부 경제가 안 좋아지거나 부의 양극화가 시작되면서, 하층 구성원들은 시민권이 약화되었다.

04 시민과 민중의 분화

원래 시민은 자영농, 소상공인, 대장장이, 조각가 등이었으나, 이제 노예주를 의미하게 된다.

이들은 노동을 안 하고 정치, 예술, 종교를 독점하게 되며, 더 나아가 놀고먹는 유한계급이 된다.

반면 민중도 소농, 도시 노동자, 선원 등 시민으로 불리는 계층보다 하위 계층을 의미했다.

그러던 것이 이후 빈민을 의미하게 되었다.

이때의 민중은 평민이란 의미를 지니게 되며, 이럴 땐 'plebs'라고 쓰이기도 한다.

동시에 가난하며 권력 없는 대중, 혹은 무리를 지은 군집을 의미하기도 한다.

그리고 저항적 의미를 갖게 된다.

하지만 동시에 민중은 대중, 군중, 심지어 중우 정치를 구성하는 우중이란 의미를 지니게 되는데 민중이 타락한 존재라는 의미가 처음 등장하는 장면이라 하겠다.

05 최초의 포퓰리즘?

민중은 최초에는 민주주의의 중심이
었다.

그러나 대토지 소유 노예주 계급이 등장하면서,
민중의 계급적 토대이던 자영농, 상인, 장인 노동자,
독립적인 대장장이, 조각가, 목수 등의 계층이 몰락
한다.

이들은 대토지 소유 노예주 계급의 라티푼디움이

라는 대농장, 광산 등에서 일하는 노예로 전락했다. 혹은 고리대 채무에 눌려 노예가 되기도 했다.

그리고 대자산가들이 장군이 되면서 이들은 과거 독립적인 시민군에서 장군의 사병이 되었다.

시민의 시대는 물론 민중의 시대도 끝이 난 것이다.

공화정 대신 황제가 등장하였고, 대신 제국이 민중을 부양하고 정치에 동원하는 시대가 되었다.

바야흐로 퍼주기, 야합, 대중 조작, 즉 포퓰리즘의 시대가 열린 것이다.

포퓰리즘이라 불리는 현상이 최초로 등장한 것은 아테네에서였다.

아테네와 스파르타가 대립할 당시 승리를 이끈 아테네 장군들에 대해 반대하는 세력이 있었는데 이들은 전사자들의 가족, 장군에 반대하는 정치인, 그리고 선동에 잘 넘어가는 군중들이었다. 그리고 이들이 연합하면서 당시 그리스 법과는 무관하게 감정적인 인민 재판에 의해 장군들은 사형이 언도되었고 그것이 전력을 약화시켜 이후 아테네는 스파르타와의 싸움에서 대패하여 아테네 시민들은 모두 스파르타 노예로 팔려간다. 아테네는 몰락한 것이다.

포퓰리즘의 어두운 그림자는 로마 말기에 더욱 짙게 드리워진다.

도시가 부양해야 하는 무능력하고 게으른 빈민, 혹은, 콜로세움 등에서 빵, 술, 여자, 잔인한 장면들에 취하여 정치적 선동에 잘 넘어가 어리석은 행동을 하게 된 것이다.

이후 사람들은 이와 같은 우중(愚衆)이 지배하는 정치 체제를 포퓰리즘이라 부르게 된다.

06 민중주의와 중세 기독교

　　　중세는 교회가 지배하는 시대였고, 세
속적으로도 교황청이 지배했다.

　처음엔 민중이란 말은 별 의미를 가지지 못했다.
민중이란 세속의 원리, 민주주의의 원리, 저항의 원
리를 지녔기 때문이다.

　그러나 교회의 지배가 한계를 보이면서 교황에 반
대하는 집단들은 과거 고대 그리스·로마 시대로부
터 새로운 것들을 발견하여 무기로 삼게 되는데, 민

중이란 말도 이것들 중 하나였다.

아마도 최초로 14세기에 이탈리아 파두아의 마르실리우스는 성직자와 구분하여 민중이란 말을 썼다. 지금 기준으로 보면 그것은 교회가 아닌 정부를 구성하는 성직자를 제외한 국민이란 의미와 유사했다.

이때부터, 기독교는 교회와 사제를, 세속주의는 정부와 국민을 주장하는 계기가 되었으며, 민중이란 말도 후자의 편에서 교회와 싸우는 역할을 하게된다.

어떻게 보면 기독교 내에서도 민중을 도출하는 것은 그리 어렵지 않다.

우선, 기독교가 민중을 억압하는 이데올로기로 작용했을 때에야 민중은 선악과를 따 먹은 것에 대한 형벌로 노동과 출산의 숙명을 짊어진 존재지만, 민중 저항의 시대가 도래하면 기독교는 정반대로 민중 저항의 이데올로기가 되었던 것이다.

여기서 민중은 하나님을 흉내내어 뭔가를 창조하는 존재인데, 이것이 바로 노동인 바, 노동은 자아실현이자 유희이고, 또 신이 내려 준 축복이자 소명이다. 그리고 노동은 신이 인간에게 부여한 운명이기도 한데, 인간은 그러한 노동에 충실할 때 구원 받고 천국에 갈 수 있다고 믿었던 것이다.

실제로, 과거 기독교의 노동은 형벌이고 시련이었다.

한 예로 『욥기』에 나오는 주인공 욥은 신에 내린 시련을 이겨내는 존재인데, 직업, 노동을 의미하는 job이란 말이 여기서 유래했다. 그리고 이때의 직업, 즉 노동은 신이 내린 시련으로 해석되었다.

사실 기독교가 지배하던 중세 유럽에서 직업은 오직 왕, 영주, 성직자들이 하는 일만을 지칭하는 것이었지 농업, 공업, 장사 등을 의미하는 말은 아니었다.

그러나 기독교 내부에서 노동에 대해 적극적으로 해석하는 경향이 나타나고 일부 수도사들이 가난한 민중들의 노동 공동체 운동을 벌이면서 노동, 즉 직업은 세속적인 것 또한 포함하게 되었다.

그리고 본격적으로 프로테스탄티즘이 형성되면서 과거의 직업은 성직자 등의 그것에서 이제는 대장장이, 하녀 등 과거는 천대 받으며 도저히 직업이라 부르지 않았던 것들도 직업으로 간주되게 되었다.

그렇게 되면서 직업 혹은 노동으로서의 job은 나중엔 신의 뜻을 이해하는 수단 혹은 과정으로 이해된다.

심지어 이들의 직업은 신이 이미 예정한 것이라거나, 그들 스스로의 인내, 근검, 절약, 성실 등을 통해 구원 받을 수 있다는 관념이 자리잡게 되었다.

그리고 구약에 나오는 바빌론 유수(유대인들은 이스라엘에서 쫓겨나 바빌론 등에서 노예 생활을 한

시기)로부터, 민중 혹은 노동자 개념을 도출해 내기도 한다.

여기서 민중은 고난을 겪지만 노동 속에서 유대인들에게 신이 내린 역사적 사명을 깨닫게 되고, 고통을 견디며 메시아를 기다리는 선민으로 해석된다.

여기까진 그저 민중들이 기존 질서에 순응하면서 일만 하는 존재로 그려지고 있다.

하지만 신교에 영향을 받은 농민 반란 등이 등장하면서 민중은 저항적, 혁명적 성격을 지니게 된다.

그리고 농촌이 아닌 도시에서도 혁명이 발생하면서 민중은 농민만이 아니라 도시 노동자, 빈민 등을 의미하게 된다.

프랑스 혁명을 배경으로 한 빅토르 위고의 『레 미제라블』, 영국의 빈민가를 배경을 다룬 찰스 디킨즈의 『올리버 트위스트』 등이 대표적으로 이를 보여주고 있다. 더 나아가 여러 문학 작품들은 도시의 빈민만이 아니라 비천한 떠돌이 노동자, 집시, 유랑극단, 심지어 소매치기, 좀도둑, 폭력배, 성매매 노동자 등까지 주인공으로 등장시키는데, 이것은 민중의 범주를 확장시키는 계기가 되었다.

그리고 이러한 기독교 민중주의는 러시아와 제3세계로 전파되었고, '피 흘리는 예수=피흘리는 민중'이라는 도식을 정립하며 자유주의 신학을 탄생시키기도 하며, 또 본격적인 민중 신학이나 해방 신학으로 발전하기도 한다.

07 민중주의와 근대 민주주의

근대에 와서 민중 개념이 화려하게 부활한 것은 역설적이게도 오늘날 이른바 민중 진영 반대 진영인 시민 진영 혹은 우파 자유주의 진영에 의해서다.

즉 로크, 루소, 홉스 등 자유주의 사상가들이나 혹은 칸트, 헤겔 등의 독일 관념론 철학자들에 의해서다.

이들은 시민을 곧 민중(인민)과 거의 같은 범주로

봤는데, 이렇게 해서 민중(인민)이란 개념이 다시 부활하게 된 것이다.

그러나 이들의 시민 개념 혹은 민중 개념에서 내재된 모순이 폭발하면서 본격적인 우파 대 좌파, 부르주아 대 프롤레타리아, 시민 대 민중이란 대립 구도가 정립된 것이다.

왜냐하면 루소, 홉스, 로크의 경우 시민 혹은 민중이란 소유의 가치와 동시에 노동의 가치를 지녀야 한다고 봤는데, 당시 초창기 시민들은 대체로 소유자이면서 노동자였기 때문이다.

프랑스 혁명의 초기 이념도 사실상 시민의 이런 계급적 특성에서 정립된 것이었다.

하지만 이후 급속한 산업화가 이루어지면서, 기존의 시민, 즉 소유·노동자로서의 시민은 해체되고,

소유자(부르주아) 대 노동자(프롤레타리아)라는 적대 계급으로 분화된다.

그러나 시민 혹은 민중이란 개념을 즐겨 사용하는 사람들의 경우, 이런 변화에 맞춰 소유 시민 대 노동 시민, 소유 민중 대 노동 민중이란 워딩을 구사하진 않았다.

대신 부르주아=시민=반(反)민중 대 프롤레타리아=민중=반(反)시민이란 오늘날의 구도가 형성된 것이다.

시민과 민중이 영영 이별을 하게 된 것이다.

08 민중주의와 민족주의

그럼 민중과 민족과의 관계는 어떠한
가?

민중이란 우선 노동자, 빈민처럼 경제적 주체다.

그리고 스스로 통치하고 약탈과 불의에 맞서 저항
하는 정치적 주체다.

그러나 문화적, 민속적, 토속적 주체를 의미하기
도 한다.

실제로 민중이란 말은 그리스 로마 시대부터 중세까지 '문화적 공동체'라는 의미를 띄기도 하였다.

그리고 그것은 오늘날 민속, 토속이란 의미하고도 통했다.

그도 그럴 것이 민중은 독일어 volk, 영어 folk로도 쓰이는데 그것은 민속, 민족 등의 의미와 더 가깝기 때문이다.

그러나 민중이란 말은 이내 민족이란 말과 유사한 말이 되게 된다.

그리고 서양에서 민중과 더불어 민족이란 의미가 대두된 것은 프랑스 혁명 이후라고 봐야 할 것이다.

특히, 당시 낭만주의는 민중의 계급적 저항과 더불어 외세의 침입에 분연히 떨쳐 일어나자는 저항적 의미를 지녔었는데, 이는 당시 대표적인 낭만파 화가인 들라크루아의 작품들에서 쉽게 찾아볼 수 있다.

하지만 민족주의는 배타성과 공격성을 띄게 된다.

사실 고대 그리스 로마부터 중세까지 쓰이던 민중이란 말에서는 경제적, 정치적, 문화적 공동체 말고도 '인종적 공동체'라는 의미를 갖기도 하였다.

그것이 민속, 민족으로 발전하였고, 이윽고 '인종'이란 개념으로 발전하였다.

물론 고대와 중세의 인종이란 개념은 지금과는 확연히 다른, 그저 외형적, 언어적 특질을 의미했을 뿐이다.

그러나 근대에 와서 특히 파시즘과 결부된 인종주의가 대두되면서 인종은 근본 원리적 의미를 지니고 또 선민이라는 자의식을 만들어가게 된다. 그리고 역사 왜곡은 물론이고 골상학, 우생학 등과 결부되면서 배타성과 공격성을 과학과 진리의 이름으로 정당화하게 된다.

여기에 '민족'이란 개념이 동원된 것이다.

제2부

민중주의의
오류

01 민중주의, 그리고 좌파와 우파

과거의 민중주의는 좌우를 나누기 힘들었다.

그 이유는 무엇일까?

고대 그리스 로마에서 발생한 민중주의는 공화주의를 전제로 하는데, 당시 공화주의에선 좌우를 나눌 수 있는 상황이 아니었기 때문이다. 공화주의에서 좌파가 존재하기 위해선 노예들의 정치 세력화가 선행되어야 하기 때문이다. 따라서 고대 민중주의에서는 좌우가 의미가 없다.

그럼 근대 민중주의는 어떨까?

최초의 민중주의도 비슷하다. 최초의 민중주의에서 상정하는 민중은 어쩌면 그 반대편에 있을 수 있는 시민과 거의 같은 범주의 개념이었다. 따라서 근대 민중주의도 최초에는 좌우로 나누기 힘들었다.

더구나 민중주의에는 혁명주의뿐 아니라 공화주의, 심지어 애국주의, 민족주의도 내포되어 있었다. 심지어 국가주의도 있었고, 심지어 극단적으로는 인종주의도 있었다. 또 기독교, 불교, 이슬람교, 힌두교 등 거의 모든 종교에도 민중주의적 요소가 있었다.

그리고 민중주의는 정치 이념이 아니라 민속, 전설, 신화라든가 아니면 문학 예술 사조에서 낭만주의로도 발전하기도 했다.

따라서 민중주의를 두고 좌냐 우냐를 나누는 것은 최소한 근대 초기에는 거의 불가능했던 것이다.

그러나 민중주의는 20세기를 전후해 좌파의 독점물이 된다.

특히 민중주의는 마르크스·레닌주의에 의해 공식화되었고, 이후 공산주의로 발전한다.

그리고 그것은 인민(민중) 민주주의라는 이름으로 정식화되는데, 사실상 마르크스·레닌주의, 스탈린주의, 그리고 마오주의, 김일성주의와 같은 이름이었다.

02 민중주의와 공산주의

　　20세기는 어쩌면 민중주의로 점철된 시대라 볼 수 있다.

　자유 민주주의를 부르짖던 연합국은 시민으로서의 민중을 내세웠고 파시즘의 추축국은 민족, 국민, 인종으로서의 민중을 내세웠다.

　이후 냉전도 마찬가지이다.

　민중주의 우파인 미국 등은 자유민주주의를 내세웠고, 민중주의 좌파인 소련은 공산주의를 내세웠던 것이다.

그러나 뭐니 뭐니 해도 '민중'은 좌파의 독점물이었다.

그리고 그 내용을 보면, 민중(민주)주의는 선진 자본주의 나라들이 아닌 러시아와 같은 후진 자본주의 나라들이나 아직 봉건적 잔재가 남아 있는 중국, 쿠바, 베트남, 북한, 앙골라, 우간다 같은 제3세계 나라들에서 채택되었다.

그리고 그것은 공산주의 혁명 전 단계의 혁명 혹은 사회 체제로서 이론화된다. 즉 공산주의 전 단계로서의 민중(인민) 민주주의 혁명 단계 혹은 사회 체제로 정식화된 것이다.

즉 '민중주의=좌파=공산주의'라는 등식이 정립된 것이다.

03 반(反)민중주의 혹은
비(非)민중주의로서 여타 좌파

　　　　그러나 모든 좌파들이 민중주의를 수
용했다고 보긴 힘들다.

　사회 민주주의라든가, 노동자 평의회주의 등은 민
중주의와 거리가 멀다.

　특히 트로츠키주의자들은 민중(인민)를 쁘띠 부르
주아적이라거나 심지어 스탈린주의적이라며 매우 비
판하며 거리를 뒀다.

나아가 좌파 중에는 민중 대신 시민을 강조하는 좌파도 있다.

독일의 경우 위르겐 하버마스, 한나 아렌트 등은 6.8 혁명에서 나타난 이른바 민중주의자들의 과격함이 또 하나의 파시즘으로 흐를 것이라고 경고했다.

그리고 이탈리아의 노르베르트 보비오의 경우 민중 대신 시민 중심의 사회주의를 주창하면서 자유주의, 다원주의, 공화주의의 가치를 강조한다.

이들의 공통된 특징은 다음과 같다.

기존의 민중주의자들의 특징은 진위, 선악, 미추의 기준으로 다음의 항목들을 제시한다.

1. 민중주의라는 의도
2. 민중이란 주체
3. 민중주의(공산주의)라는 결과

그러나 민중(주의)를 거부한 좌파의 경우에는 의도, 주체, 결과보다 과정과 절차를 중시한다.

그리고 그것은 아무리 정적 혹은 계급의 적이라 하더라도 소통은 물론, 상호 소외 극복, 나아가, 상호 해방을 추구한다는 데에 있다.

물론 이들은 서로 차이가 많고 또 나름의 단점과 한계가 있다.

반면, 민중 대신 다른 말을 제시하는 좌파들도 많다.

최초의 좌파들은 소유, 기업가 정신, 시장의 장점 등을 입을 모아 찬양했다. 그들이 민중을 말할 때도 민중이 이런 가치 위에서 탄생했고, 또 이런 가치를 견지해야 한다는 전제가 깔려 있었다.

그리고 이들은 청교도의 영향을 받아 근면, 검소, 성실, 금욕, 경건 등의 가치를 강조했다.

생 시몽, 푸리에, 오언 등이 그랬고, 사실 이때만

해도 좌파나 우파나 별 차이가 없었던 것이다.

그리고 그것은 칼 마르크스도 마찬가지이다.

그러나 6.8 혁명 이후 좌파의 가치 기준에 변화가 오기 시작한다.

금욕 대신 쾌락, 금지 대신 위반, 노동 대신 자유, 늙음 대신 젊음, 윤리 대신 파괴, 이성 대신 열정 등이 대체하게 된 것이다.

그리고 이런 경향은 민중주의에도 영향을 미친다.

6.8 혁명의 세례를 받은 좌파들 중에서는 민중주의는 견지하되 민중이란 말을 버리고 새로운 말을 제시하는 경우도 생겨났다.

민중이란 말 대신 마이너리티(헤르베르트 마르쿠제), 노마드(질 들뢰즈), 부르주아 보헤미안(데이비드 브룩스), 멀티튜드(안토니오 네그리) 등의 개념을 채택하기도 한다.

그리고 민중주의가 공산주의와 같은 말로 통용되는 것이 오늘날의 현실이지만, '과연 민중주의가 칼 마르크스의 사상과 갈등 없이 결합할 수 있는가?'라는 의문을 제기할 수 있다.

그러나 오늘날 공산주의는 칼 마르크스의 사상이라기보다는 마르크스·레닌주의, 스탈린주의, 마오주의, 김일성주의와 같은 말로 쓰이고 있으며 당분간 이런 어법을 따르도록 하겠다.

04 공산주의적 소유 제도의 문제

　　　좌파에게서 가장 중요한 건 소유 제도라고 볼 수 있다.

　그러나 민중주의와 소유 제도 간 관계는 그리 명확하진 않다.

　고대 그리스 로마의 민중주의야 그저 소자산가나 빈민들의 이념이었고, 공화국에 이것저것 특히 복지 혜택 등을 요구하는 것이었으므로, 딱히 민중주의가 추구하는 소유 제도라는 것을 찾을 수가 없다.

그러나 근대에 등장한 민중주의는 다르다.

근대의 민중주의는 도시 자영업자, 빈민, 농촌의 자영농, 소농이 근간을 두는데, 이들이 원하는 소유 제도는 자신의 재산을 갖는 것이라고 볼 수 있다.

따라서 이때의 민중주의는 로크, 루소, 홉스 등 자유주의 혹은 시민주의와 차이가 없다.

다시 말해 유럽의 민중주의는 개인주의에 기반한 것으로 볼 수 있으며 이것은 유럽에서의 농민 반란은 물론 프랑스 혁명, 영국 청교도 혁명, 미국 독립 전쟁 또한 마찬가지였던 것이다.

반면, 러시아 혹은 아시아 등 제3세계는 좀 달랐다.

이들은 집산주의, 집단주의, 공동체주의에 기반했고, 또 강력한 국가가 전제되어 있었다. 따라서 이 지역의 민중주의 또한 이러한 특징을 오롯이 담고 있었다.

가장 대표적인 것은 바로 러시아 나로드니즘인데 이것은 농촌의 혈연 공동체 혹은 작업 공동체에 토대를 두고 이것이 온전히 유지되는 것을 목표로 한다.

그리고 이후 주류가 된 공식적·정통적 민중주의는 이것을 따랐다.

그럼 공산주의적 소유 제도는 어땠을까?

우선 공산주의적 소유 제도는 민중주의의 그것과 달랐다.

사실 민중은 본질적으로 국가 소유에 대해서 거부감을 갖고 있었기 때문이다. 국가는 약탈자이고, '민중 스스로의 것'이 될 수 있다고 보기엔 너무 멀고 낯설었으며 못 미더운 것이었다.

그러나 공산주의는 국유화 노선으로 일관했다.

물론 혁명 초기에 레닌, 마오, 호치민, 김일성 등은 농민에게 토지를 주었고, 그래서 혁명을 성공할

수 있었다. 그러나 이내 곧 토지는 국가의 것이 되었
고, 국영 농장과 국영 공장에 민중을 몰아넣었다.

   이런 점에서 볼 때, 민중주의가 좌파 진영을 이끌
기에는 처음부터 무리가 따랐다.

05 노동 해방의 좌절

민중주의에서 소유보다 더 중요한 건 노동일 수 있다.

민중주의에서 민중은 생산의 주체이고 노동은 고귀한 것이기 때문이다.

그러나 민중주의는 과거의 원시적 기술과 작업 조직에 대한 집착을 담고 있다. 반면 발달된 기술의 개발이나 외부로부터의 유입에 부정적이다. 그리고 기존의 혈연 공동체에 기초한 작업 조직 말고, 이보다

현대화된 조직에 대해서도 부정적이다.

그런데 그것은 저생산성, 가난, 결핍 등을 만연하게 할 수 있다.

하지만 그것은 민중주의자들로 하여금 전통적 혹은 원시적 노동에 대한 낭만과 집착을 낳는 경향이 있다.

그리고 과거의 혈연 공동체나 가족으로 구성된 작업 조직에 대한 케케묵은 집착을 보이게 할 수 있다.

예를 들어, 낫과 곡괭이를 들고 가족이 엉성하게 작업을 해 오던 수백, 수천 년간의 관습을 끊고, 트랙터를 수입하고, 관개 시설을 정비한다 해보자.

그것은 외부로부터의 기술자, 수리 공장이 공동체로 유입되고, 또 원자화되고 개인화된 노동자들의 협업, 분업 체제가 형성되는 것을 의미한다.

그러나 그것은 과거의 생산 기술, 도구, 친숙했던 작업 조직, 혈연 공동체가 파괴되는 것을 의미한다.

따라서 민중주의의 노동관은 어쩌면 좌파적이라기보다는 보수 반동에 가까울 수 있는 것이다.

그렇다면 공산주의의 노동관은 어떨까?

대동소이하다.

그러나 공산주의적 노동관은 외부로부터의 기술 유입은 물론 근대화된 작업 조직에 적극적이다. 과거에 대한 집착은 구시대적 악습으로 치부된다.

반면, 그것은 맹목적 공업화를 의미했다.

다시 말해 민중들은 조상들로부터 수천 년 이어왔던 노동(농업이나 유목, 고산 지대에서의 사냥, 채집 등)을 자유롭게 할 권리를 빼앗겼다.

대신 집단 농장이나 공장에 들어가 기계처럼 일할 것을 강요받았고, 토지나 수확물, 가축을 빼앗겼다.

그리고 공산당은 민중들이 자기 재산을 개인 차원

이든, 공동체 차원이든, 소유하는 것을 금지했다. 그것은 공산당 기준에서는 자본주의적 악습이거나 구시대의 악습이었기 때문이다.

대신 이들은 모든 민중들이 국영 농장·공장의 종업원이 될 것을 강제했다.

그것이 노동 해방이고, 그것이 공산주의라 봤기 때문이다.

하지만 칼 마르크스의 경우, 노동 해방이란 항상 정당한 보상이 따라야 하고, 자아실현의 보람은 물론 타인과 공동체에 뭔가 공헌했다는 뿌듯함, 그리고 즐거움과 카타르시스라는 유희적 기쁨과 더불어 미적, 창조적 환희를 느껴야 하는 것으로 보았다.

06 노동으로부터의 해방이라는
이념의 부재

      결국 노동은 민중에게서 소외되었다. 공산주의에서의 노동 해방은 이루어지지 않았고 오히려 강제 노동이 존속했기 때문이다.

    그러나 알고 보면 이것은 민중주의에 내재된 필연적 숙명 같은 것이었다.

    왜냐하면 민중주의에서 노동은 벗어날 수 없고 결핍, 위험, 고통, 공포, 부상, 죽음마저도 짊어져야 할 숙명 같은 것으로 봤기 때문이다.

물론 노동은 그런 면이 있다. 사람들은 오래 전부터 매머드를 사냥할 때도 죽음을 감수해야 했고, 절벽에서 꿀을 채취할 때도 마찬가지였다.

그리고 그런 위험한 노동을 원망하면서도 그것으로 생명, 가족, 문명을 존속·유지시키는 것에 감사했다.

그렇다고 노동의 이와 같은 부정적 측면까지 숙명으로 받아들여야 하는 것은 아니다.

과학 기술의 발전을 도입하면 보다 안전하고 쾌적한 노동이 얼마든지 가능하며, 심지어 컴퓨터, 인터넷, AI, 로봇 등을 통해 인간이 노동 그 자체를 안해도 풍요롭고 행복하게 살 수 있는 가능성이 커지고 있기 때문이다.

이런 점에서 공산주의는 물론 민중주의는 현실에 맞지 않는 것은 물론, 노동자, 민중을 행복하게 해줄 이념이 되기엔 불충분했던 것이다.

역설적이게도 마르크스 또한 '노동 해방'의 궁극의 목표는 '노동으로부터의 해방'이라 했다. 그리고 이것을 '필연의 왕국'에서 '자유의 왕국'이란 문구 속에 포함시켰다.

　그런 점에서 보면 민중주의는 물론 공산주의는 대단히 미성숙하고 위험한 이념이었던 것이다.

07 인텔리와 민중의 대립

　　　민중주의는 민중들의 자생적·자발적 의식, 삶의 양식에 기대고 있다고 말한다. 그러면서 민중은 혁명적이고 위대하다고 한다.

　그러나 실제로 민중이 역사의 전면에 나서는 경우는 흔하지 않다.

　따라서 민중주의에서는 잠자는 민중을 깨우기 위해 '외부 인텔리들'이 필요하다고 강변한다.

　이것은 어쩌면 기독교 운동에서 기인하는 것 같

기도 하다. 선량한 선교사들이 무지한 민중들을 계도하는 것이 바로 민중주의, 공산주의에 유입된 것이다.

처음에는 민중의 편에 서려 했던 인텔리들은 진심으로 헌신적이고 희생적이었다. 귀족의 자녀들은 자신의 아버지와 삼촌들의 연회 현장에서 폭탄을 터뜨리고, 민중 속으로 들어갔다.

그러나 이들 중 일부는 타락했고, 민중 위에 군림했다.

그리고 인텔리의 습속과 민중의 습속은 다를 수밖에 없었다.

인텔리는 민중를 가르치려 들었고, 그게 안 될 경우 민중을 무시했다.

반면, 민중의 경우 인텔리에게 거부감을 가지거나 맹목적, 무비판적으로 따랐다.

결국, 민중주의는 민중과 인텔리 간의 관계 정립

에 실패했고, 그것은 결국 좌파 운동 내부의 커다란 균열을 낳았다.

이후 상징, 언어, 이데올로기 등의 프레임이 등장하면서, 민중주의는 또 한번의 도전에 직면한다.

즉, 민중은 '실재'하느냐는 것이다. 혹시 '민중'이란 인텔리들의 가공의 발명품 혹은 조작품이 아니냔 의문이 그것이다.

그러면서 민중이라 불리는 사람과 그렇지 않은 사람들 특히 여성, 장애인, 청소년, 노인, 외국인 노동자, 엘지비티, 게토나 슬럼에 거주하는 사람들에 대한 관심이 증폭했다.

그리고 사람들은 민중의 여부와는 상관없이 어떤 조건에서 자신의 정체성을 갖게 되느냐에 대해 의문을 가지게 되었다.

동시에 사람들을 '민중' 혹은 '비(非)민중'으로 규정

하고, 재단하며, 호명(interpellate)하는 인텔리 혹은 매스 미디어에 대한 연구 또한 시작되게 된다.

08 민중주의에서 민중은
보편적 인간이 아니었다

이른바 민중들이 추구하는 민중주의가 궁극적으로 추구하는 목표 혹은 상태는 무엇일까?

민중주의자들은 그것을 민중 해방이라 한다.

그럼 민중 해방은 무엇을 의미할까?

그것은 가난한 노동자, 빈민들이 빼앗긴 부(富), 권력, 지식, 교양, 문화적 역량은 물론, 피폐해진 육체와 정신의 능력을 되찾는 것을 의미한다.

그리고 소외되고 거꾸로 된 사회를 제자리로 돌려

놓는 것을 말한다.

마지막으로 그것은 파괴된 인간성을 회복하고, 나와 남이 어울려 잘사는 세상을 만드는 것을 의미한다.

따라서 민중주의는 보편 종교들 그리고 건전한 사상들과 그 내용에서 그리 다르지 않다. 왜냐하면 민중주의 또한 보편적 인간애를 추구하기 때문이며, 이것은 진·선·미 등 지고지순한 가치는 물론 자신의 재산, 자신의 노동을 남에게 빼앗기지 않고, 스스로 통치하는 것을 지향하며, 소외되고 피폐해진 육체와 정신을 회복해 전인(全人)으로 나아가고, 중용(中庸)의 길을 놓치지 않게 만드는 것을 의미하기 때문이다.

그러나 민중주의는 편협해졌다.

민중주의가 주장하듯 민중은 분명 진실되고 옳으며 아름답다.

또 세상의 중심이자 문명의 주체이다.

그러나 민중주의는 부지불식간에 오류를 범한다.

민중주의는 암암리에 민중의 가난과 나약함, 무지 등을 절대화, 이상화하며, 나아가, 영구화하려 한다.

이것은 분명 오류다. 그러나 민중주의자들 중에 일부 음험한 자들은 자신의 이익을 위해 이런 오류를 은폐한다.

아니면 자신의 비뚤어진 욕망, 열등감을 달래기 위해, 자신의 과대 망상, 피해 망상, 강박, 혹은 조울과 분열된 무의식을 그대로 투영시킨 결과, 오류를 정당화하고 증폭시킨다.

그리고 이러한 민중주의자들은 민중과 다른 사람들을 선과 악의 구도로 분리시킨다. 그리고는 부자, 권력자, 인텔리들을 공격하도록 선동한다.

물론 부자와 권력자, 인텔리들 중에는 비판받아야

할 사람들이 있다.

계급 사회에서의 부자와 권력자, 인텔리 모두는 혹시라도 자신들도 모르는 사이에 민중들에게 고통을 준 것은 아닌지 항상 겸허히 반성할 필요가 있다.

그러나, 그들 또한 스스로의 자성과 거듭남을 통해 보다 발전된 인간으로 변화될 가능성이 주어져 있다고 생각해야 한다.

그리고 천부 인권 사상에 입각해 이들 또한 새로운 인간으로 변화될 권리가 있다는 것이 인정되어야 한다.

그리고 민중들은 물론 전체 공동체가 이들을 도와 자활과 갱생의 길로 인도해야 한다.

물론 이들 중에 이것을 거부하며 인류와 공동체, 문명을 해치는 범죄를 저지를 경우, 그것은 저지되고 단죄되어야 하는 것은 분명하다.

그러나 그것은 법의 이름, 윤리의 이름, 지성의 이름, 인간의 이름, 그리고 공동체와 문명의 이름으로 그렇게 되어야 하지, 그저 분노와 증오, 질시에 의해 그렇게 되어져서는 곤란하다.

그것은 그걸 행한 민중들로 하여금 후회와 죄책감, 양심의 가책 등을 일으켜 바람직하고 지속 가능한 민중 해방의 길로 나아가지 못하게 만든다.

그리고 현재의 민중은 스스로도 부족함을 인정해야 한다.

물론 그것은 민중이 억압받고 박탈당하며 기만당했기 때문이다.

그러나 민중이 그런 이유는 오늘날 분업 사회가 모든 인간에게 짊어지게 한 '소외' 때문이기도 하다.

따라서, 민중이 노동만 한다면 민중은 스스로를 관리자, 경영자, 정신노동자, 심지어 소유자가 되려 해야 한다.

그것이 힘들면 자신과 다른 일을 하는 사람들과 조화롭고 평등한 협업·분업 관계를 형성하도록 노력해야 한다.

정치적으로도 마찬가지다. 민중들을 대변할 각급 의회 의원, 공무원은 존재하되 그들이 자신들에게 권력을 위임한 진정한 주권자인 민중들 위에 거꾸로 서지 않게 잘 감시하고 견제하는 것이 중요하단 것이다.

지적·문화적으로도 마찬가지이다. 인텔리나 문화 예술인은 나름의 전문성을 함양하며 지적, 문화적 발전을 도모하고 자신과 민중, 나아가 전체 공동체와 인류 문명을 위해 일하는 것이 중요하다. 그러나 이들이 생산 대중으로부터 자립화되어 비현실적으로 되고, 또 민중을 혹세무민하거나 무지하다 무시하는 일이 없도록 하는 것이 중요하단 것이다.

특히 오늘날 현대인들은 육체와 정신 간 괴리에 시달리고 있다. 육체노동자들은 이성, 감성, 자유 의지 등 정신의 미덕을 발전하지 못하고 그저 손과 발만 발전되고 있고 정신노동자들은 건강한 육체를 갖지 못한 채 그저 뇌만 발전되어 있다.

또 정신노동자의 경우도 어느 노동자는 이성, 어느 노동자는 감성, 어느 노동자는 자유 의지만 편협하게 발전되고 있다.

그것은 머리는 없고 손과 발만 비대하게 발달한 인간이나, 혹은 그 반대로 손과 발은 왜소하고 머리만 기괴하게 큰 인간을 만들어 낸다.

또 어떤 노동자는 좌뇌, 어떤 노동자는 우뇌, 어떤 노동자는 간뇌만 발달하게 만든다.

그리고 이것은 민중주의 혹은 공산주의가 시행되는 나라들에서도 별반 다르지 않다.

특히나 민중의 지도자 엘리트들은 정신노동만 하면서 특권을 누리거나 민중을 멸시한다.

반면, 민중은 육체노동만 하면서 정신노동자를 부러워하거나 스스로 세뇌되어 행복하다고 착각한다.

이것이 바로 민중 해방이란 이름 아래 저질러진 오류인 것이다. 즉 민중 해방은 인간 해방의 이념이 되지 못했던 것이고, 노동 해방, 계급 해방의 이념도 되지 못했던 것이다.

09 공동체주의의 문제

민중주의는 공동체, 정확히 말하면 혈연 공동체 혹은 작업 공동체에 그 토대를 두고 있다.

그럼 공동체는 인간 해방의 조건이 되는가?

대체로 근대인들은 그렇게 보지 않았다.

공동체는 혈연, 가족, 가부장제, 신분, 종교, 국가라는 기제로 인간을 억압했다.

혹은 익명적이지 않은 관계는 개인의 자유와 평등

뿐만 아니라 프라이버시, 자율, 독립, 개성을 억압하는 기제였다.

농촌의 젊은이들이 농촌을 탈출해 도시로 가는 이유는 단순히 농촌의 경제가 망가졌기 때문만은 아니었다. 도시에서는 자유의 공기를 숨쉴 수 있었기 때문이다. 반면 농촌의 공동체는 젊은이들에게는 답답한 곳이었던 것이다.

심지어 관습, 미신, 가부장제적 억압, 비합리적 광기를 의미했다.

젊은이들은 공동체 내에서는 돈벌이, 자유 연예, 꿈의 실현이 불가능했다고 본 것이다.

그렇다면 공동체 대신 개인은 좋은 것인가?

개인들만이 사는 곳은 이기심, 무책임성 등이 판을 친다.

이에 따라 개개인은 또 다른 집단을 만드는 데, 그것이 바로 결사체, 협회, 클럽 등이다.

이것을 시민 사회라고 부르기도 한다.

시민 사회는 전근대적 공동체와는 다르며, 시장적 개인이나 이익을 추구하는 개인과도 다르다.

그리고 공동체는 거대한 국가가 되어 개인을 억압할 여지가 있다.

반면, 시장은 인간의 통제를 벗어나서 인간을 억압할 여지가 있다.

그렇다면 민중주의는 어땠을까?

민중주의가 자본주의 혹은 적나라한 이기주의와 거리가 먼 것은 사실이다.

그러나 민중주의는 그 안에서 개인의 개성, 자율, 독립, 책임, 권리를 보장하지 못했다.

또한 민중주의는 공산주의와 결합했는데, 공산주의는 민중주의와는 달리 거대한 국가를 내세웠다.

물론, 민중주의가 고유의 가치로 품고 있는 혈연적 소공동체는 국가와 적대적이었다. 다시 말해, 공산주의에서 내세우는 국가는 민중주의에서 내세우는 공동체를 철저히 파괴했다.

대신 공산주의는 새로운 공동체를 내세웠다.

그들은 소비에트 제국을 새로운 가족이라 했다. 그리고 지도자를 아버지, 민중을 자녀라 했다. 그리고 그것이 바로 공산주의가 민중주의를 계승한 증거라고 주장하고 있다.

제3부

포퓰리즘,
민중주의의 몰락

01 포퓰리즘

민중주의가 명백한 정치 이데올로기가 된 것은 특수한 배경에서 나타난 일시적 현상이다.

원래 민중주의는 정확한 학술적 개념도 아니고, 정치이념도 아니다. 그저 가난한 노동자들, 빈민들, 특히, 농민들에게서 생긴 자생적 정서들의 모호한 이미지 덩어리로 봐야 한다.

즉, 민중주의는 노동의 고됨 끝에 오는 보람, 즐거움, 소명 의식 등이 어우러져 있고, 노동 조직, 공동체, 특히 혈연 공동체, 지역 공동체 간의 유대를 강조한다.

그리고 민중주의는 정확히 말하자면 20세기 민중주의는 분명 좌파의 전유물이었다.

그러나 우파도 민중주의를 이용한다.

민중은 국민, 민족의 개념과 연계되고 열정주의(enthusiasm)와 연계된다. 그러면서 쇼비니즘으로도 발전을 했다. 참고로 쇼비니즘은 국수주의적 성향의 쇼뱅 장군의 이름을 딴 말이다.

그리고 민중이 국민과 연계되면서 국가주의로, 민중이 민족과 연계되면서 인종주의로 발전한다.

즉, 국가가 주도하는 총력적인 폭력, 인종 혐오가 가능해진 것이다.

오늘날에도 파시즘은 존재한다.

그러나 국가가 나서거나 노골적인 혐오와 폭력을 부추기는 양상은 아니다.

오늘날의 파시즘은 민중들 간의 혐오에 기초하며, 일부 인텔리들의 이데올로기적 조작, 선전선동, 이미지 정치가 주를 이룬다.

여기에 국가가 한편으론 노골적으로, 또 다른 한편으로는 은밀하게 이를 조장하고 부추긴다.

그리고 이런 현상을 사람들은 파시즘이란 개념보다는 포퓰리즘이란 개념으로 부르기 시작했다.

물론 파시즘에 대한 합의된 개념도 없고 그것은 포퓰리즘도 마찬가지다. 파시즘과 포퓰리즘의 관계에 대해선 더욱 그렇다.

하지만 이 둘은 닮은 점이 많다.

포퓰리즘이 어원은 1891년 미국에서 결성된 파퓰리스트당(populist party), 즉 인민당(people's party)

에 기인한다. 이 당은 당시의 미국의 양대 정당으로서 특히 민주당과 공화당에 대항하기 위해 농민과 노조의 지지 속에서 창당되었는데 정책 내용은 급진적이었다.

그리고 이 당의 사상은 바로 러시아 민중주의(인민주의) 즉 나로드니즘에 기반한다.

나로드니즘은 계급, 노동, 저항 등 좌파적 요소를 다분히 많이 지니고 있었다.

그러나 열정, 소시민적 가치, 상호부조 등 낭만적이고 쁘띠 부르주아적인 특징도 지녔다.

그리고 이런 지점들은 레닌과 그의 지지자들에게 비판받은 요인이었다.

그러나 이런 요소들은 사라지지 않고 남게 되며, 이후 우파 포퓰리즘에 영향을 미치게 된다.

이후 포퓰리즘은 1970~1980년대 학계에서는 포

퓰리즘이라 하면 라틴 아메리카 포퓰리즘 혹은 페로니즘을 지칭하는 경우가 많았다.

이후 포퓰리즘은 대중 영합주의 아니면 인기 영합주의로 불린다.

페로니즘은 60년대 아르헨티나 대통령 후안 페론과 그의 아내 에바 페론으로 대표되는 노선과 정책을 말한다.

가장 먼저 페로니즘은 귀족, 장군, 강력한 대통령, 철권통치 등을 구사하는 강력한 가부장의 이미지를 한 축으로 한다.

그는 나와 적을 분명히 하고 기득권, 부자, 중장년, 혹은 구좌파들을 적대시했다. 그리고는 페론주의 청년 동맹이라는 단체를 만들어 이들을 끊임없이 정치 집회에 동원했는데, 그것은 대중의 직접 행동을 유발하고 또 반대로 이에 편승했다.

페론은 청년 장교 시절 이탈리아에서 근무하면서 무솔리니에게 심취한 적이 있는데, 무솔리니의 검은 티셔츠 부대의 한밤 횃불 시위와 상징 조작 기법을 부활시켰다.

수도 부에노스아이레스의 오월 광장에 거대한 초상화와 깃발을 등장시키고, 연극과도 같은 한밤중의 횃불 집회 속에서 그들은 자기 자신을 깨끗하게 하는 일종의 종교적인 '정화' 의식을 선보였던 것이다.

그러나 그는 폭력적인 남성 지도자의 모습만 선보이지는 않았다.

특히, 노조 지도자를 설득하고 포용하는 지적인 남성 리더의 이미지를 활용했다.

그리고 노조 및 빈민 등에는 온정주의, 후원주의 등의 인자한 가부장의 면모도 보여줬다.

노조 결성, 사회 복지, 무상 교육, 빈민을 대상을

하는 주택 건설을 추진했고, 노동하는 학생들에게는 시험 전 1주간의 유급 휴가를 주었다. 노동자들의 휴가에는 여행 경비의 절반을 정부가 부담해 주었다.

그리고 당시 노동자들이 아르헨티나 사상 최초로 정부 요직에 임명됐다.

포퓰리즘의 이런 특징은 에바 페론에게서 더욱 두드러진다.

그는 민중 출신이면서 자수성가한 연예인이었고 창녀의 이미지를 갖고 있었다.

그것은 국민들로 하여금 연민을 이끌어 내었다.

그리고 그는 국가가 마치 어머니의 자궁처럼 아이 즉 민중을 보듬는- 특히 빈민에게 시혜적 카톨릭 성녀 -이미지를 활용하기도 하였다.

그러나 에바 페론은 라디오를 민중으로 하여금 파업 선동을 일으켜 정치적 목적을 달성하기도 하였다.

이처럼 제도와 법, 언론을 거치치 않고 대중을 직접 대면하면서 거리로 동원하고, 연민, 온정 등을 이끌어 내고, 연예인이 라디오를 활용하고, 또 정치를 종교 의식으로 착각하게 하는 것 등은 오늘날 포퓰리즘의 주요 특징이다.

그리고 엔터테인먼트, 매스 미디어, 종교적 정화 의식, 성스러운 가족으로의 재탄생 등은 오늘날 최신의 포퓰리즘에서도 그대로 사용된다.

후안 페론은 제3의 길을 내세웠는데 '나치도 파시스트도 아니고 양키도 마르크스도 아니다.' 라고 선언했다.

그는 좌파도 우파도 아니었던 것이다.

그러나 그는 반미, 민족, 자주, 반자본의 이야기에 큰 목소리를 냈다.

하지만, 그가 좌파로 기억되지는 않는 듯하다.

왜냐하면 그는 마피아는 물론, 나치독일의 잔당과 과거 아르헨티나의 파쇼 잔당들과 커넥션을 맺고 있었고, 금권 정치, 매수에 능했던 것으로 알려져 있다.

또 빈민들로부터 성녀로까지 추앙받던 에바 페론은 클레오파트라의 보석보다 더 많은 보석을 갖고 있었다고 한다.

결국, 그들은 국민을 편 가르고 국민의 분노와 증오를 권력의 기본 동력으로 삼았지만, 사실 그들은 국민 모두를 속였다는 평을 받고 있으며, 이것은 이후 포퓰리즘을 안 좋은 의미로 사용하게 만드는 결정적 계기가 된다.

여기서 포퓰리즘은 이른바 '퍼주기 복지'이며, 겉으로는 윤리적인 듯 하는 좌파 인텔리의 위선, 외세 혹은 마피아의 결탁이라는 특징이 덧붙여진다.

그럼 오늘날 포퓰리즘의 몇 가지 특징들을 보자.

02 피씨주의

민중주의는 항상 두 가지 편향이 있다. 하나는 인텔리 편향이고 다른 하나는 민중 편향이다.

오늘날에는 이른바 피씨(political correctness), 우리말로는 '정치적 올바름'라고 해석되는 현상이 있다.

대충 내용을 보면 고답적이고 오직 윤리적 잣대로만 사태를 재단하며 특정한 프레임으로 모든 사태를 보는 명백한 선악 이분법을 말한다.

특히, 좌파 더 정확히는 페미니스트, 환경, 인권운동을 주창하는 인텔리와 특정 정치인, 운동가 등에서 나타나는데, 절대 다수가 좌파다.

이 말이 나온 배경을 보면 미국의 페미니스트, 엘지비티 활동가, 생태주의자들이 신좌파식 윤리를 내세우고, 또 그것에 기반하여 헌법을 수정하고, 학교 커리큘럼, 대중문화 등에 개입하게 되는데, 이에 반대하는 이른바 대안 우파 같은 일부 우파들이 나타나면서 피씨라는 말이 쟁점이 되게 되었다.

이들의 주장은 대충 과거엔 여성, 흑인 등 소수 인종이 사회적 약자였으나, 지금은 이들이 강자이며 반면 기존에는 백인, 남성 등이 기득권이었으나, 지금은 이들이 사회적 약자가 되었다는 것이다.

그러나 사실 이러한 현상은 동서고금을 통틀어 빈번히 나타났다.

중세 유럽의 종교 재판관, 조선 시대 성리학으로

무장한 채 충신, 효자, 열녀를 판단하던 선비, 그리고 프랑스 혁명 당시 단두대 정치를 펴던 과격파 혁명가, 중국 문화 혁명 시기의 나이 많은 교장이나, 부모를 단죄하던 홍위병들의 그것과 유사하다. 킬링필드 대학살을 자행한 크메르 루주, 아프가니스탄 거대 석불상을 파괴한 이슬람 근본주의 탈레반 등의 사례도 일맥상통한다.

그럼, 우리나라의 경우 피씨의 대표적인 사례는 무엇인가?

우선 민족, 통일, 반미, 반일, 노동, 인권 등을 부르짖지만, 오늘날 현실 적합성의 의문이 제기되며 이 말을 내세우는 숨은 의도가 무엇인지 궁금해지는 경우가 많다.

여기에 우리나라도 신좌파적 이슈, 페미니즘, 생태주의, 성 소수자, 소수 인종 등의 문제도 유사한 문제가 발생하고 있다.

다시 말해서 우리나라에선 구좌파 민중주의, 신좌파 민중주의의 피씨의 트랩에 모두 걸려있다고 보인다.

이들은 의석 나눠 먹기, 예산 배분, 그리고 각종 위원회와 기구들을 확보하려 애쓰며, 문화 영역과 학교 영역에서도 기존의 언어 안 쓰기 운동과 더불어 새로운 언어 널리 쓰기 운동을 벌인다. 이를 위해 정부 예산으로 사전을 편찬하고, 학교 교육에서 큰 영향력을 미치려 한다.

물론 여기에 호응하는 민중들은 '정통적 민중', 혹은 '공식적 민중', 혹은 '기호로서의 민중'으로 이들은 민중이란 개념을 내세우지만, 대부분 중산층이거나 노조와 단체, 협동 조합 간부들이거나 위원회 위원들이다.

반면, 이들에게 비난받는 이들은 미국에서는 백인 빈민, 노동자, 청년 실업자들이고, 한국에서는 경상

북도 빈민, 노동자, 청년 실업자들이다.

이들은 극우, 반동, 마초, 이기주의자, 혹은, 무능력자로 찍힌다.

동시에 이들은 민중 해방에 방해되는 반(反)민중적 장애물로 취급된다.

민중주의자들은 좌파의 깃발 아래, 민중의 이름으로 사람들을 '편 가르기'하며 가짜 민중을 민중으로, 진짜 민중을 반(反)민중으로 낙인찍는 것이다.

03 근육주의

　　민중주의 진영 내에서 인텔리 편향이
문제를 일으킬 때에는, 그 반대급부로서 순수한 노
동자의 상(像)에 대한 숭배 현상이 나타난다.

　그리고 그것은 특히 남성 육체노동자의 강한 육체
그리고 외양에 대한 이상화로 나타난다.

　즉, 강한 근육, 구릿빛 피부가 그것이다.

　그리고 찢어진 청바지, 해어진 런닝셔츠 등의 옷차
림 또한 동경의 대상이 된다.

그러나 이러한 경향은 민중 운동의 발전에 저해가 되기도 하는데, 그 이유는 육체노동자에 대한 이상화가 화이트칼라 노동자들과 갈등을 빚기도 했고, 여성 노동자와도 갈등을 빚는 현상이 빈번히 나타나기 때문이다.

그리고 이들보다 나이가 어린 청년, 엘지비티, 장애인, 외국인 노동자와의 갈등도 나타나기도 한다.

그리고 오늘날 이러한 문화 코드는 일종의 복고 바람을 낳기도 한다.

하지만 이것이 정치적으로 악용되는 경우도 있다.

예를 들면, 서구 6.8 혁명의 영향을 받은 문화 기획자들은 과거 구릿빛 피부에 찢어진 런닝셔츠, 청바지를 입은 주인공들을 등장시켜 노래나 춤, 영화 등 돈벌이의 대상으로 삼는다.

그리고 반동적인 정치 공작의 재료가 되기도 한다.

최근 신우파들이 이러한 풍조에 대한 추억, 낭만, 호기심, 향수 등에 기대어 중장년 백인 육체노동자나 청년 실업자들에 대한 정치 공작을 구사하기도 한다.

그리고 오늘날 미국의 트럼프 같은 경우 디트로이트, 시카고에 과거의 영광스럽던 자동차 공단을 재건하여 과거 노동자들의 풍요롭고 행복하던 커뮤니티를 부활시키겠다는 공약을 내걸어 대통령이 된다.

하지만 이것은 사실 꿈을 팔아먹는 디즈니식 테마파크와 별반 다를 게 없다 보여 진다.

그리고 남성 노동자들의 흡연, 음주, 도박, 폭력, 성적 문란 등 또한 긍정적인 것으로 여기게 한다.

04 마피아와의 카르텔

민중과 폭력과의 관계는 복잡미묘하다.

폭력은 민중을 옭아맨다.

반면 민중은 폭력을 통해 그 폭력을 제거하려 하기도 한다.

민중을 보호할 법은 멀리 있고, 그 정당성이 의심받기 때문에 민중은 스스로 무장하기도 한다.

더구나 민중의 자식들은 한편으로는 정치, 또 다른 한편으로는 범죄에 가담하게 되기도 한다.

결국, 가족·지역 공동체의 일원인 민중의 자식들은 좌파와 마피아라는 일란성 쌍둥이일 수도 있다.

역사적으로 마피아가 좌냐 우냐를 따지는 것은 힘들거나 무의미하다.

최초의 마피아는 민중 속에서 자라난 자발적 자경단이었다. 따라서 그것은 지배자에 저항하는 필수불가결하고 요긴한 수단이었다. 그리고 이후 마피아들은 이민자들의 나라 미국에서 노조를 돕기도 하였고 이민자, 사회, 지역 사회를 보호하는 '좋은 삼촌' 역할을 하기도 했다.

또 지구 곳곳에서 좌파는 무장 게릴라가 되기도 했는데, 이들은 가끔 마적이 되기도 했고, 재정 확보를 위해 마약 재배 등 범죄를 저지르기도 했다.

반면 마피아는 미국의 이민자들과 고향 간의 비밀스러운 국제 네트워크를 맺어 정치, 첩보 네트워크 기능을 했는데, 당연히 비즈니스 네트워크는 물론,

범죄 네트워크가 되기도 했다.

  그리고 오늘날 대다수 마피아는 올곧은 정치인을
매수한다든가 검사, 언론인, 사회 운동가를 살해하
기도 한다.

05 반지성주의

동서고금을 막론하고 인텔리들은 지식, 윤리, 교양, 문화 등을 통해 민중을 배제하고, 무시하며, 억압했다.

이에 민중들은 다양한 방법으로 저항을 했다.

우선, 스스로 지식을 습득해 무기로 삼으려 하기도 했고, 인텔리들에 저항하는 방식으로 반(反)지성주의를 구사하기도 했다.

즉, 영주나 양반에 대한 비판은 축제나 시장에서

과거 집시, 보헤미안, 노마드 혹은 남사당 등에 의해 공연되던 광대극, 탈춤, 마당극에서 나타났다.

동서양의 정치 체제는 절대 권력에 대해 제한 없이 말을 하고 약간은 놀림거리로 삼을 수 있는 존재들이 있었는데 서양의 경우 조커, 광대가 그들이고, 동양의 경우에도 종종 이런 존재들에 대한 기록이 있다. 그리고 축제와 같은 기간에 민중들은 조커, 광대 등의 존재들과 더불어 권력을 조롱, 해학, 풍자 등으로 권력을 비판하며, 스스로의 능력을 배양하고, 연대감을 확인하며, 카타르시스를 느꼈다.

물론, 권력의 측면에서도 민중들의 히스테리가 폭발하지 않도록 이를 어느 정도 용인했다.

그러나 반지성주의는 여러 문제들을 안고 있다.

우선, 동서양 역사에서 반지성주의는 마법사, 요승, 환관, 내시, 외척 등의 형태로 나타나 왕을 현혹하고 민중을 도탄에 빠지게 하는 경우도 종종 있었다.

일본군과 관군 연합에 대항한 동학군의 경우도 최신의 개틀링 기관총 앞에 죽창과 부적을 붙이고 달려들었으며, 이런 현상은 중국은 물론 유럽에서도 비일비재했다.

오늘날도 유사하다.

오늘날에도 문제가 많은 코미디언, 포르노 배우, 사이비 종교인 출신들이 정치에 나서는데, 대중들은 이를 통해 묘한 카타르시스를 느끼기도 하는 듯하다. 하지만 이것이 민중들을 위해 좋다고만 볼 수는 없다.

또한, 반지성주의에 편승해 언론 재벌들과 권력, 자본, 조폭 등이 황색 저널리즘을 우후죽순처럼 유포시키고 있는데, 가짜 뉴스, 성, 스포츠, 도락에 취한 민중들은 여기에 마비되고 중독된다.

그리고 요설을 펴는 지식인, 종교인들에 현혹되어

비합리적인 광기에 취하거나 폭력을 일삼으며, 민중
스스로가 구렁텅이에 빠지는 일이 허다한 것이 오늘
날의 모습이다.

06 반달리즘

　　과거 로마 멸망기에 반달족들이 로마
로 쳐들어와 찬란했던 로마 문명을 파괴한 적이 있
는데, 이후 이와 같은 문명 파괴 행위를 반달리즘
이라고도 불렀다.

　물론 반달족으로선 억울할 수 있는 일이지만, 어
쨌든 문명 파괴 행위는 이처럼 불렸다.

　그리고 히틀러는 유소년들로 하여금 히틀러 유겐
트에 가입하게 하고선 부모에게 패륜적 행위를 저지

르게 한다든가, 기존의 권위 있는 문화 예술을 파괴하게 하고, 사회적 약자에게 폭력을 행사하게 했는데 이 또한 반달리즘으로 불릴 수 있다.

그리고 이슬람 근본주의 세력이 아프가니스탄의 거대한 불상을 파괴한 행위 또한 그에 못지않다.

그러나 이에 못지 않게, 민중주의의 이름으로도 패륜은 물론 반문명적 행위를 자행하는데, 중국의 문화 혁명 당시 홍위병들은 부모나 선생님들에게 고깔 모자을 씌우고, 자아비판의 문구가 적혀 있는 푯말을 목에 걸게 했으며 치욕스러운 제트기 자세를 군중 앞에서 취하게 했다.

그리고 홍위병들은 유교, 불교, 티벳의 전통적인 개 등 전통 문화를 말살하고, 바이올린이나 베토벤 흉상 등도 파괴했다.

그리고 캄보디아의 크메르 루주 또한 의사, 변호사 등 인텔리 전체를 대량 학살하는 계급 청소를 행했다.

민중, 분노한 군중에서
우중(愚衆)으로

민중주의는 유토피아 사상을 내포한다.

민중주의는 권선징악, 인내, 심판, 메시아, 천년왕국 등의 서사를 갖고 있다.

그리고 민중의 자발성을 강조한다.

그러나 민중주의는 강력한 지도자 혹은 종교적 메시아를 상정하는 경우가 아주 많다.

그리고 지도자는 진위, 선악, 미추 판단에 있어서 강력하게 개입한다. 그러면서 자신은 진리의 대리자,

민중은 선택 받은 사람들, 그리고 반대편에 있는 사람들은 사탄이 된다.

민중주의는 진리라는 억지 속에 온갖 비합리와 광기가 활개를 친다.

민중주의는 한마디로 근본 원리주의화되었다. 마치 이슬람교, 유대교, 기독교, 힌두교, 유교 등에서처럼 말이다.

만약 근본 원리주의화된 민중주의가 국가의 이념이 되지 못한 경우 음성화되고 컬트화된 민중주의는 마치 예수 재림, 최후의 심판, 휴거 등을 믿는 멘탈리티를 갖게 되는데, 이들은 은거하면서 자신들만의 우상 숭배를 하게 되고, 공동체를 만들어 자신들만의 폐쇄적 원리 속에서 살아간다. 그러다 노동 착취, 성 착취를 일으키거나 사회에 대한 묻지마식 증오 범죄 혹은 집단 자살 등의 물의를 일으키기도 한다.

이것이 오늘날 민중주의의 모습들이다.

그러나 이러한 현상은 분명 잔여적이다. 오늘날 중요한 것은 국가, 거대 정당, 그리고 매스 미디어 등으로 나타난다.

이 수준에서의 민중주의는 또 다르다.

모든 이데올로기가 사회적 토대에서 기인하듯 민중주의도 마찬가지다.

그것은 시대적 특성을 지닌다.

그리고 해당 사회가 노예제 사회인지, 봉건제 사회인지, 자본주의 사회인지, 파시즘 혹은 공산주의 사회인지에 따라 각각의 민중주의는 다르다.

자본주의라 하더라도 초기 시장과 자유 교역에 근거를 둔 민중주의인지, 농업 혹은 공업에 근거를 둔 민중주의인지, 금융 자본, 문화 산업, 아이티 산업, 종교 산업에 근거를 둔 민중주의인지, 각각의 단계에 따라 또 다르다.

그것은 지역적 특성을 지니고, 직업적, 문화적 특성을 지닌다.

예를 들면 유목민의 민중주의, 도시민의 민중주의, 장인노동자의 민중주의, 상인의 민중주의, 인텔리의 민중주의, 농민의 민중주의, 전사의 민중주의, 마적의 민중주의, 해적의 민중주의, 현자의 민중주의 등은 서로 다르다.

또 이슬람에 기반한 민중주의가 있을 수 있고, 힌두교에 기반한 민중주의가 있을 수 있다.

또한 젠더에 입각한 민중주의가 있을 수 있다.

가부장제적 민중주의와 페미니즘적 민중주의, 엘지비티적 민중주의는 서로 다르다.

또 계급적 특성을 지닐 수도 있다.

자영업자의 민중주의, 떠돌이 노동자의 민중주의, 실업자의 민중주의는 다르다.

또한 인텔리의 민중주의가 다르고, 지주 계급이나

대자본가 계급에 파생된 민중주의가 다르다.

참고로, 최초의 민중주의라 볼 수 있는 러시아 나로드니즘은 러시아 귀족이 그 기반을 둔다.

그럼, 우리나라를 보자.

우선, 우리나라에서 가장 지배적인 것은 농촌 부락 공동체에 근거한 민중주의라는 것이다.

따라서 토지, 집단적 유대, 특히 가족에 대한 강력한 집착이 특징으로 작용한다.

동아시아의 농업은 대규모 관개 시설에 기초해야 하므로, 비교적 규모가 크고 강력한 국가와 지도자를 필수로 한다.

여기에 인텔리를 빼놓을 수 없다.

과거부터 선비, 양반, 유생은 민중주의에 큰 영향을 미쳤다.

그건 오늘날도 마찬가지다.

좋은 학교를 나오고, 국가에서 일하는 인텔리는 예나 지금이나 최고로 치며, 거의 모든 부모들과 어린이, 청소년들이 여기에 들어가기 위해 애쓴다.

물론, 과거에는 선비, 오늘날에는 판검사, 의사라는 차이는 있지만, 거대한 위계 서열 속에서 차지하는 위치에 따라 이른바 '신분'이 나누어지는 것은 다를 바 없다.

그것은 좌파, 즉 민중주의를 내세우는 인텔리도 마찬가지다.

바야흐로 한국 그리고 한국의 민중주의는 선비의 그것에 기초한다.

사실 한국 사회 민중주의가 이처럼 파리하고 창백했던 것만은 아니다.

80년대 민주화 시대가 끝나고 젊은이들은 자신의 꿈을 위해 중소기업에 가거나, 벤처 창업 등을 꿈꾸고, 자신의 재산을 가꾸고, 능력을 배양하기 위해 노력했다. 이들은 새로운 지식과 문물을 수용하고, 자신과 다른 사람들의 문화를 이해하고 공감하기 위해 노력했다.

그러나 그것은 천민 자본주의로 유도하는 정치인, 재벌, 인텔리 등에 의해 방해받았고, 아이엠에프에 의해 좌절되었다.

그리고 오늘날 장기적 경제난은 거의 모든 청년들로 하여금 강남, 서울대, 의전원, 로스쿨, 그리고 삼성전자, 외국계 금융 회사를 최고의 가치로 여기고, 그것을 정점으로 형성된 위계 서열 속에 한 줄 서기를 하게 만들었다.

강남 좌파들은 좌파 교양 몇 줄로 으스대고 매스컴이나 대중 앞에서 죽창, 눈물, 민중을 외치지만, 사실은 부동산이나 사모 펀드, 외모, 자녀 유학, 병역 면제 등에 관심이 많다.

이를 추종하는 젊은 엘리트들은 기형적으로 비대해진 국가 기구 속에서 엄마 자궁 속을 유영하듯 살게 만들며 부동산, 주식, 변호사나 의사 자격증 등 독점 지대를 추구하게 만든다.

반면, 몰락한 중산층, 노동 계급의 자녀들, 즉 민중들은 그저 사노비, 공노비, 솔거 노비, 외거 노비가 되고 있다.

바야흐로 신지주 계급, 새로운 신분제 사회의 탄생이다.

이들은 힘든 상황에서도 자신의 독립적이고 자율적이며 노동을 통해 개성과 존엄성을 유지하려는 사람도 있다.

원래 민중주의에서 말하는 민중은 생산의 주체이면서, 정치적, 문화적 향유자이고 공동체 전체의 시작이자 끝이며, 문명과 인간 존엄성의 근원이기도 하다.

그런 그들이 헐벗고 빼앗겼으며 기만당했기 때문에 이들은 저항에 나서는 것이다.

그러나 어느새 민중은 가난, 슬픔, 연민의 대상이고, 혐오의 주체이자 대상이 되었으며, 동시에 기부와 자선을 받아야만 하는 사회적 부양 계급 심지어는 잉여 계급이 되었다.

그리고 민중을 입에 달고 다니는 민중주의자들에 의해 민중은 어쩌면 기득권 계급이 되었는지도 모르겠다.

원래의 민중이 담당하던 생산, 정치, 문화의 창달을 민중 스스로가 기피하면서, 또 진리에 대한 목마름, 정의의 실천, 불굴의 개척 정신을 상실한 채 그저 보조금, 기본 소득, 복지에만 운명을 맡기고 있다면 민중은 이미 노예 계급 혹은 기생 계급으로 전락했는지도 모르겠다.

역사를 보아 건강한 생산자들이 노동을 하고 자

신의 부(富)를 가질 수 있을 때 이들이 정치와 문화의 주체이고, 저항의 주체로서 자존감과 도전 정신, 개척 정신을 갖고 있을 때, 사회는 건강하고 문화는 융성하며 공동체는 안전했다.

그들의 이름이 민중으로 불리든 자유 시민으로 불리든 그 어떤 이름으로 불리든 말이다.

그러나 이들이 정신적으로 노예 근성을 갖게 되고, 지배 계급과 국가에 의존하기 시작하면 사태는 달라진다. 다시 말해 공동체의 몰락, 문명의 쇠퇴로 이어지는 것이다.

그것이 바로 고대 그리스 로마와 중국 왕조들이 보여준 교훈이다.

그리고 이미 한국 사회도 그 길로 들어섰다.

민중이란 말을 입에 달고 다니는 민중주의 강남 좌파들과 그 밑에 기생하는 아전, 향리들은 고난과 시련을 이겨내려는 진짜 민중들더러 반(反)민중이라 배척하고 멸시한다.

올곧은 검사, 판사, 관료, 교수, 언론인 등이 멸시 당하고 숙청당하는 것은 물론이다.

그리고 국가는 기본 소득을 뿌리거나 돈을 마구 찍어내 민중들을 현혹한다. 심지어 다단계 폰지 사기를 국가가 직접 시행하기도 한다.

여기에 민중들은 기본 소득 1만 원을 더 받기 위해 두고 머리를 굴리고 그 돈으로 고기에 술을 먹을까? 아니면 세일 중인 명품을 살까? 하는 고민에 기뻐한다.

그러다가 국가는 부도가 나고, 위기에 처한 나라를 마피아나 외세가 찢어 먹으려 달려든다.

역사는 반복된다.

군중들의 변덕에 좌우되어 나라를 구한 장군들에게 사형을 언도하고 나라를 적국에 팔아먹었던 고대 아테네가 바로 이곳이고, 광대, 빵, 술, 여자는 물론, 사자가 기독교도들을 잡아먹는 장면을 제공하여 민중을 우중, 기생충, 잉여로 만든 콜로세움이 바로 이곳 대한민국인 것이다.

민중주의의 몰락

펴 낸 날 2021년 1월 29일

지 은 이 김유진
펴 낸 이 이기성
편집팀장 이윤숙
기획편집 윤가영, 이지희, 서해주
표지디자인 이윤숙
책임마케팅 강보현, 김성욱
펴 낸 곳 도서출판 생각나눔
출판등록 제 2018-000288호
주   소 서울 마포구 잔다리로7안길 22, 태성빌딩 3층
전   화 02-325-5100
팩   스 02-325-5101
홈페이지 www.생각나눔.kr
이 메 일 bookmain@think-book.com

• 책값은 표지 뒷면에 표기되어있습니다.
  ISBN 979-11-7048-189-8(00300)